내 몸이 신호를 보내요

글 나탈리아 맥과이어

러시아에서 태어나 미국에서 공부했습니다. 아일랜드 사람과 결혼해 현재 독일에서 아이 셋을 키우며 개 두 마리와 함께 살고 있습니다. 어린이 교육 놀이터를 설립하고 운영했으며, 다섯 권의 책을 냈습니다. 그중 한 권인 『내 몸이 신호를 보내요』는 영어, 독일어, 프랑스어, 스페인어, 러시아어로 출간되어 베스트셀러에 올랐습니다.

그림 아나스타샤 자바시키나

러시아 출신의 도예가입니다. 일러스트레이션의 새로운 세계를 발견하고 그림과 사랑에 빠져 프리랜서로 활동하고 있습니다. 영화와 만화에서 영감을 얻고 동화책에 들어가는 그림을 디지털로 작업합니다. 독특한 질감을 표현하고 다양한 연출을 시도합니다.

옮김 엄혜숙

서울에서 태어나 연세대학교에서 독일 문학과 한국 문학을, 인하대학교와 일본 바이카여자대학에서 아동 문학과 그림책을 공부했습니다. 지금은 어린이책을 기획하고 쓰면서, 아동 문학과 그림책을 강의하고 있습니다. 쓴 책으로는 『혼자 집을 보았어요』 『세탁소 아저씨의 꿈』 『야호, 우리가 해냈어!』 『나의 초록 스웨터』 『나의 즐거운 그림책 읽기』 『권정생의 문학과 사상』 등이 있으며, 옮긴 책으로는 『내 머리에 뿔 났어!』 『이렇게 멋진 꼬리 봤어?』 『깃털 없는 기러기 보르카』 『비에도 지지 않고』 『파란 티셔츠의 여행』 『꽉찬이 텅빈이』 등이 있습니다.

우리학교 어린이 교양
내 몸이 신호를 보내요 어린이 감정 표현 수업

초판 1쇄 펴낸날 2022년 5월 10일
초판 2쇄 펴낸날 2023년 5월 12일

글 나탈리아 맥과이어 | **그림** 아나스타샤 자바시키나 | **옮김** 엄혜숙 | **펴낸이** 홍지연

편집 홍소연 고영완 이태화 전희선 조어진 서경민 | **디자인** 권수아 박태연 박해연
마케팅 강점원 최은 신종연 김신애 | **경영지원** 정상희 곽해림

펴낸곳 ㈜우리학교 | **출판등록** 제313-2009-26호(2009년 1월 5일)
주소 04029 서울시 마포구 동교로12안길 8 | **전화** 02-6012-6094 | **팩스** 02-6012-6092
홈페이지 www.woorischool.co.kr | **이메일** woorischool@naver.com

ISBN 979-11-6755-049-1 77180

Original title: My Body Sends a Signal
Copyright © 2020 Natalia Magvayr
Korean translation Copyright © 2022 WooriSchool Publishing Co., Ltd.
Korean edition published in agreement with Natalia Magvayr through Icarias Agency.

이 책의 한국어판 저작권은 Icarias Agency를 통해 Natalia Magvayr와 독점 계약한 ㈜우리학교에 있습니다.
저작권법에 의해 한국 내에서 보호를 받는 저작물이므로 무단전재와 복제를 금합니다.

- 책값은 뒤표지에 적혀 있습니다.
- 잘못된 책은 구입한 곳에서 바꾸어 드립니다.

만든 사람들
편집 전희선 | **디자인** 전나리 박해연

어린이 감정 표현 수업
내 몸이 신호를 보내요

나탈리아 맥과이어 글 | 아나스타샤 자바시키나 그림 | 엄혜숙 옮김

우리학교

감정 표현이 서툰 어린이 여러분에게

어린이 감정 표현 수업에 참여한 여러분을 환영합니다. 이렇게 책으로 어린이 여러분을 만나게 되어 기뻐요. 여러분은 평소에 감정을 잘 표현하는 편인가요? 학교생활을 하면서 감정 표현 때문에 어려운 적은 없었나요? 어떻게 하면 자신감이 생기는지, 공부를 더 잘할 수 있는지, 친구들과 사이좋게 지낼 수 있는지에 대해 한 번쯤은 고민해 봤을 거예요. 학교생활에 필요한 이러한 능력은 '정서 조절'이 먼저 되어야 합니다.

정서 조절이란 여러분에게 어떤 엄청난 상황이 닥쳤을 때, 자신의 정서를 알아차리고, 기분을 나타내고, 감정을 잘 표현하는 것을 말해요. 이 모든 것은 다른 사람에게 공감하며 대처하는 법을 배우는 과정이기도 하지요.

어린이 여러분도 어른들처럼 다양한 감정을 느껴요. 행복해하고, 질투하고, 거북해하고, 화내고, 초조해하고, 슬퍼하고, 자랑스러워하고, 걱정하고, 즐거워합니다. 아직 어려서 자기가 느낀 감정을 말로 표현하는 데 서툴 뿐이에요. 어떻게 표현해야 할지 몰라서 짜증을 내거나 몸의 반응을 몸짓으로 나타낼 때가 있지요? 여러분의 이런 표현법은 미소를 짓게 하고 사랑스럽지만, 가끔은 어른들이 이해하기 어렵답니다. 이 책은 몸에서 얻는 신호인 정서가 감정과 연결되어 있다는 것을 보여 주며, 어떻

게 몸의 신호를 알아차리고 감정을 말로 표현하는지 도와줄 거예요. 긍정적이든 부정적이든 어떤 감정을 드러내도 다 괜찮아요. 그 감정을 올바르게 표현할 수 있다면 말이에요.

더불어 여러분이 감정을 표현하는 데 사용할 수 있는 다양한 단어도 알려 줍니다. 부모님과 함께 책을 읽다 보면 상황에 따라 달라지는 몸의 신호와 감정을 이해하고 단어로 표현할 수 있게 될 거예요.

그리고 책을 읽기 전, 알아 둘 게 있어요. '정서'는 심리학 전문 용어로, 일상적으로는 감정을 일으키는 기분이나 분위기를 뜻해요. 또한 신체 변화가 뒤따르는 감정 상태도 가리키는데, 이 책에서 '정서'는 몸이 보내는 신호를 의미하지요.

마지막으로 이 책을 다 읽고 나서 부모님과 함께 독후 활동을 즐겨 보세요. 이야기 속 상황을 떠올리며 감정 표현을 연습할 수 있어요!

어린이 여러분이 이 책의 이야기를 재미있게 읽으면 좋겠어요. 여러분이 재미있으면 저도 힘이 날 거예요!

나탈리아 맥과이어

내 몸은 내 상태를 알려 주기 위해 많은 신호를 보내요.
때때로 땀이 나고, 속이 울렁거리고,
숨 쉬기가 힘들고, 심장이 미친 듯이 뛰어요.
때로는 기뻐서 펄쩍 뛰고 싶고, 소리치거나 울고 싶어져요.

그런데 왜 이러지? 왜? 왜?

어느 날 엄마가 말했어요.
"멋진 깜짝 선물이 있어! 점심때까지 기다려 보렴."
무슨 일일까요? 난 기다릴 수가 없었어요.
아무것도 못 하고 집 안을 돌아다녔지요.
블록을 갖고 놀아 봤지만 깜짝 선물 생각에
가만히 앉아 성을 쌓을 수가 없었어요.
그다음에는 기차놀이를 했지만,
기차놀이도 재미있지가 않았어요.
경주용 자동차를 만들려고 장난감 도구를 집어 들었어요.
하지만 깜짝 선물이 뭔지 더 궁금했지요.

심장이 점점 더 빨리 뛰어요.

피부가 얼얼해요.

바지에 개미가 기어 다니는 것 같아요.

나는 너무나도 들떴어요!

엄마가 말했어요.
"오래 걸리진 않을 거야."

그때 초인종 소리가 났어요.
"열어 볼래?" 엄마가 웃으며 물었어요.
나는 달려가 문을 활짝 열어젖혔어요.
할머니와 할아버지가 두 팔을 크게 벌린 채 서 계셨어요!
"세상에나! 이게 누구야?" 할머니가 활짝 웃으며 말했어요.

눈이 커졌어요.

활짝 웃으니까 얼굴이 환해졌어요.
기뻐서 팔짝 뛰었지요!

무지무지 행복했어요!

학교에서 배운 걸 보여 달라고 할아버지가 말했어요.
내가 쓴 글자, 엄마랑 읽은 책, 내가 그린 그림을 보여 드렸어요.
고무찰흙으로 만든 용도요.

"할아버지 선물이에요! 맘에 드세요?"
"맘에 들고말고! 반했는걸! 예술 작품이로구나!"

나는 똑바로 섰어요.
고개도 높이 들었지요.
눈이 반짝였어요.

내 자신이 아주 자랑스러웠어요!

다음 날, 나들이 가기에 딱 좋은 날씨였어요. 우리는 동물원에 갔지요.
태양은 밝게 빛났고, 동물들은 즐거운 하루를 보내고 있었어요.
먼저 우리는 호랑이를 보러 갔어요.
유리창 바로 앞에 큰 호랑이가 누워 있었지요.
호랑이는 잠든 것 같았어요. 어쩌면 햇살을 받으며 쉬고 있는지도 몰라요.
옆에 있던 아이들이 호랑이를 괴롭히기로 마음먹었나 봐요.
비명을 지르고, 유리창을 두드리고, 얼굴을 찌푸렸어요.
그러자 갑자기…… 호랑이가 으르렁거리며 뛰어올랐어요.

쿵쿵쿵
쿵쿵쿵
심장이 뛰었어요.

후들
후들
무릎이 떨렸어요.
다리가 풀렸어요.

부글 **부글**

배가 아팠어요.

숨고 싶었어요.

너무나도 무서웠어요!

할머니가 재빨리 나를 안아 주셨어요.
"무서워해도 괜찮아, 할머니도 겁이 났어."

나는 숨을 내쉬었어요.
심장이 다시 평소처럼 뛰었어요.
무릎이 떨리지 않았어요.
나는 차분해졌지요.

이제 **안심**이 되었어요.

호랑이 우리에서 걸어 나왔을 때,
이상한 냄새가 났어요.
"이게 무슨 냄새야?"
아래를 내려다보니, 질퍽한 똥을 밟고 있지 뭐예요!
"으악!" 나는 놀라서 소리쳤어요.

코를 찡그렸어요.
윗입술을 삐죽거렸어요.

머리를 이리저리 흔들었어요.
입 안에 침이 고이고,
웩! 토할 것 같아요.

너무나도 메스꺼웠어요.

할아버지가 내 등을 쓰다듬으며 말했어요.
"이런, 씻어야겠구나."

털털

신발을 대강 씻었지만
참을 수가 없었어요.
이제는 다른 동물들을 더 보고 싶지 않았어요.
집에 가고 싶었지요. 정말 끔찍한 날이에요!

시무룩

그러고 싶지 않았지만,
아랫입술이 삐죽 튀어나왔어요.

글썽

온몸이 축 늘어졌고
눈에 눈물이 고였어요.
울고 싶었지요.

나는 너무나 슬펐어요.

집에 돌아오자 기분이 더욱더 나빠졌어요.
로봇이 탁자에서 떨어져서 움직이지 않았어요.
여동생이 로봇을 가지고 놀다가 망가뜨렸나 봐요.
로봇은 할머니와 할아버지가 내게 준 것이었죠.
이제는 정말 참을 수가 없었어요.

주먹을 꽉 쥐었어요.

어깨에 힘이 들어갔어요.

"이런, 얘야! 화가 많이 났구나. 그럴 만도 하지."
엄마가 내 어깨에 손을 얹었어요.

"넌 마음을 가라앉혀야 할 것 같구나.
그다음에 네 로봇을 어떻게 고칠지 의논하자."
엄마는 나를 내 방으로 데려다줬어요.

얼마 후, 엄마가 나와서 저녁을 먹으라고 불렀어요.
나는 별로 먹고 싶지 않았지만, 식탁에 앉았어요.

볼이 빨갛게 변했어요.
갑자기 더워진 것 같았어요.

손이 떨렸어요.
고개를 들고 할머니의 눈을
바라볼 수가 없었어요.

내 행동이 너무나도 부끄러웠어요.

"정말 미안해요." 내가 말했어요.
할머니가 내 눈을 들여다보며 말했어요.

"너는 화낼 만했어. 화를 좀 풀어야 했지.
하지만 소리를 지르고 발로 차는 것은 좋지 않아.
화가 너를 다스리게 하지 말고,
네가 화를 다스려 보렴.
할머니가 몇 가지 방법을 가르쳐 줄게.

먼저, 열까지 세면서 심호흡해 봐.
코로 천천히 숨을 들이마시고
입으로 내쉬는 거야.

화가 나서 물건을 던지거나 발로 차는 대신에,
화를 손에 꽉 쥐고 있다가 놔주는 거지.

소리치거나 나쁜 말을 하고 때리는 대신에
그냥 "난 아주 화났어!"라고 말하렴.
그리고 그 자리를 떠나는 거야.
화가 네 주인이 되게 하지 마!
다음에는 이렇게 하겠다고 약속하지?
넌 똑똑하니까 잘할 수 있을 거야.
사랑한다, 우리 아가!"
할머니는 뽀뽀를 해 주셨어요.

다음 날 아침, 나는 늦게까지 잤어요.
엄마는 나를 깨우지 않았어요.
내게 스트레스 풀릴 시간을 준 것 같아요.
거실로 가는데, 익숙한 소리가 들렸어요.

난 얼른 거실로 뛰어 내려갔어요.
할아버지 앞에서 로봇이 걸어 다니고 있었어요.
믿을 수가 없었지요!

어?

헤!

눈썹이 올라갔어요.
눈이 휘둥그레졌어요.

입이 딱 벌어졌어요.

너무나 깜짝 놀랐어요!

할아버지가 웃으며 말했어요.
"자, 할아버지가 로봇을 고쳤어.
봐 봐! 이제 잘 움직이지?"
나는 달려가 할아버지를 꼭 껴안았어요.

나는 로봇 주위를 빙빙 돌며
우스꽝스러운 춤을 추었어요.

엄청나게 기뻤어요!

날마다 내 몸은 나에게 신호를 보내요.
모든 신호들은 의미가 있어요.

입 안이 마르면, 물을 마셔야 한다는 거예요.
배가 꼬르륵거리면, 배고프다는 거예요.

추우면, 소름이 돋아요.
더우면, 땀이 나요.

피곤하거나 지루하면,
하품이 나와요.

긴장하면, 배 속이 울렁거려요.
나는 자주 이렇게 신호를 느껴요.
몸의 신호에는 감정이 들어 있지요.

어떤 감정이든 드러내도 괜찮아요!

여러분도 저처럼 무섭거나 부끄러웠던 일,
슬프거나 행복했던 일이 있나요?
여러분의 이야기를 들려주세요!
부모님이나 선생님과 함께 이야기에 맞는 단어를 찾아보세요!

행복해요!
기뻐요.
유쾌해요.
즐거워요.
대단해요.

놀라요.
놀라워요.
감탄해요.
소스라쳐요.

뿌듯해요!
만족스러워요.

부끄러워요.
실망해요.

슬퍼요.
속상해요.
우울해요.
행복하지 않아요.
초라해요.

내 몸이 신호를 보내요

이야기를 다 읽고 친구나 부모님과 함께 연습하며 즐겨 보세요.

친구 이야기	정서에 따라 감정이 일어나는 상황을 친구들의 이야기로 경험해 보세요.
색칠하기	본문 속 이야기를 떠올리며 색칠해 보세요.
정서 카드	하늘색 카드로 몸이 보내는 신호를 알아차리고 정서를 느껴 보세요.
감정 카드	노란색 카드로 정서에 따른 감정과 기분을 표현해 보세요.

친구들의 이야기를 들어 보세요.

짧은 이야기를 읽고, 이야기에 등장한 친구들이 어떻게 느끼는지 부모님과 토론해 보세요. 이야기와 관련된 정서 카드와 감정 카드도 찾아보세요. 여러 친구들과 같이 한다면 번갈아 돌아가면서 게임할 수 있어요. 비슷한말(유의어)을 사용하여 각 감정을 설명하면 더 재미있어요.

상황을 떠올리며 색칠하세요.

본문 이야기 속 상황을 떠올리며 색칠하면 관련된 정서와 감정을 천천히 바라보고 기분을 느낄 수 있어요.

정서 카드와 감정 카드를 활용하세요.

정서 카드와 감정 카드를 펼쳐 놓고, 정서(몸이 보내는 신호)와 감정(정서 신호가 지닌 의미)을 연결해 보세요. 정서와 감정을 올바르게 연결하기 위해 책의 본문을 찾아봐도 좋아요. 모든 사람이 정서를 똑같이 받아들이지는 않기 때문에 정서와 감정의 연결이 약간씩 다를 수 있어요.

더 이어 나가 볼까요?

감정 카드를 앞에 두고, 상황을 떠올려 보세요. 친구나 부모님과 함께 언제 그런 감정이 일어났는지 이야기해 보세요.

이제, 본격적으로 즐길 준비가 되었나요?

우리학교 홈페이지와 블로그에 방문하시면 카드와 색칠하기 페이지를 다운로드 할 수 있어요.

- **홈페이지** www.woorischool.co.kr
- **블로그** blog.naver.com/woorischool

친구 이야기

내 장난감이야

마크는 모래성 쌓기를 좋아했어요.

아빠는 모래를 실어 옮길 수 있는 장난감 트럭을 마크에게 사 주었어요.

마크는 트럭이 아주 맘에 들었어요.

어느 날 마크가 해변에서 놀고 있는데,

어떤 남자애가 다가와 성을 부수고 트럭을 빼앗았어요.

마크가 트럭을 돌려 달라고 하자 남자애는 마크를 발로 차려고 했어요.

마크는 어떤 기분이었을까요?

마크는…… **화가 났어요.**

무시무시한 거미

캐시네 반은 과학 현장 학습으로 동물원을 찾아갔어요.

먼저 아이들은 나비 정원으로 갔어요.

캐시는 아름다운 나비들이 자기 손에 앉지 않아 속상했어요.

그다음에는 거미를 보러 갔어요. 거미들은 예뻐 보이지 않았어요.

사실 거미는 무시무시했어요. 특히 그중 한 마리는 크고 털이 많았어요.

"만져 볼래?" 선생님이 빙그레 웃으며 물었어요.

"아뇨!" 아이들은 뒤로 물러서며 외쳤어요.

아이들은…… **거북했어요.**

엄마 몰래

펠릭스와 존 형제는 공놀이를 좋아했어요.

하지만 엄마는 집 안에서는 공놀이를 못 하게 했어요.

"공놀이는 밖에 나가서 하렴. 집 안에서 하면 물건이 부서질 수도 있어."

어느 날, 형제는 엄마가 요리하느라 바쁘다는 걸 느꼈어요.

"엄마가 안 보는 사이에 공 가지고 놀자." 존이 제안했어요.

"좋아! 너무 시끄럽게 하진 말자, 알았지?" 펠릭스가 동의했어요.

형제는 마치 축구 대회 결승전을 치르는 것처럼 공놀이에 열중했어요.

그러다 공이 소파 옆 탁자에 놓인 꽃병에 맞았어요.

엄마가 가장 좋아하는 꽃병은 산산조각이 났지요.

엄마가 와장창 소리를 듣고 거실로 급히 왔어요.

펠릭스와 존은 어떤 기분이었을까요?

펠릭스와 존은······

부끄러웠어요.

아침밥

아침에 칼라는 밥이 먹기 싫었어요.
"오늘 공원에서 오래 놀 건데, 아침밥을 먹는 게 좋지 않을까?"
엄마가 말했지만 먹지 않았어요. 칼라는 공원에서 친구 샘과 잭을 만났고,
함께 숨바꼭질을 했어요. 칼라는 핫도그 가게 뒤로 가서 숨었어요.
그런데 갑자기 배에서 꼬르륵 소리가 나기 시작했어요.
핫도그 냄새를 맡자 온통 맛있는 음식 생각뿐이었지요.
칼라는 어떤 기분이었을까요?

칼라는…… **배고팠어요.**

크리스마스 선물

샘과 릴리는 다음 날까지 기다릴 수 없었어요.
크리스마스이브였고, 산타클로스한테 선물을 받는 날이었죠.
둘 다 산타에게 편지를 보냈어요. 샘은 리모컨 자동차를 달라고 했고,
릴리는 새 자전거를 달라고 했어요.
샘은 아침에 눈뜨자마자 서둘러 릴리를 깨우러 갔어요.
"릴리, 빨리 일어나! 선물이 틀림없이 저기 있을 거야!"
릴리가 일어나자마자 둘은 크리스마스트리로 곧바로 달려갔어요.
샘과 릴리는 어떤 기분이었을까요?

둘 다…… **신났어요.**

달리기 대회

이반은 달리기를 아주 잘했어요. 어린이 달리기 대회 소식을 듣고, 엄마가 말했어요.

"네가 한번 나가 보면 어떠니? 달리기 좋아하잖아?"

이반은 아주 신났어요. 날마다 아빠하고 달리기 연습을 했지요.

마침내 대회가 열리는 날이 되었어요. 이반은 일찍 일어나서 스트레칭을 하고,

아침밥을 든든히 먹고 달리기 옷으로 갈아입었어요.

이반은 과연 우승할 수 있을까요?

이반은 있는 힘을 다해 빨리 달렸어요.

누군가 금방 자신을 따라잡을 것 같았지만 그렇지는 않았어요.

그러다 이반은 갑자기 넘어지고 말았어요.

왼쪽 발목이 너무나 아파 일어설 수 없었지요.

이반은 1등으로 들어간 아이가 기뻐서 날뛰는 것을 보고만 있었어요.

이반은 어떤 기분이었을까요?

이반은…… **슬펐어요.**

생일 선물 만들기

"엄마 생일이 2주일 뒤인데, 뭘 선물하면 좋겠니?" 아빠가 말했어요.

케이트는 좋은 생각이 떠오르지 않아 저녁 내내 엄마가 뭘 좋아할지 고민했어요.

학교에서 천으로 꽃 만들기를 배운 게 생각나 꽃 브로치를 만들기로 했어요.

케이트는 엄마에게 천 조각을 얻고,

핀으로 사용할 수 있는 망가진 브로치를 찾아냈어요.

저녁마다 자기 방에서 남몰래 선물을 만들었어요.

며칠 후, 아주 멋진 브로치를 완성했어요.

케이트는 얼른 엄마에게 선물하고 싶었지요.

작은 상자를 찾아 보석 상자처럼 멋지게 꾸몄어요.

선물로 브로치를 받고, 엄마는 깜짝 놀라서 말했어요.

"내가 받은 선물 중에 가장 예쁘구나! 내 드레스와 정말 잘 어울리는걸!"

케이트는 어떤 기분이었을까요?

케이트는…… **안심했어요.**

그대로 얼어 버린 날

팀은 엄마 허락을 받고 혼자서 친구 피터네 집에 자주 놀러갔어요.
가까운 곳에 피터가 살고 있었거든요. 어느 날, 팀은 피터네 집에서
돌아오던 길에 "컹컹!" 하는 소리를 들었어요.
천천히 뒤돌아보자 크고 못생긴 개가 있었어요.
팀은 꼼짝달싹할 수 없었어요. 어쩔 줄을 몰랐어요.
팀은 어떤 기분이었을까요?
너무 …… **무서웠어요.**

소리 나는 상자

루이스는 강아지 키우는 게 소원이었어요.
한 마리만이라도 키우고 싶었지만 엄마는 늘 안 된다고 했어요.
"엄마는 너희 키우는 걸로도 벅차."
그래서 루이스는 강아지 키우는 걸 거의 포기했지요.
일곱 번째 생일날 아침,
루이스는 침대 근처에서 나는 소리를 들었어요.
뭔가 하고 내려다보았어요.
거기에는 아름답고 털이 복슬복슬한 강아지가 상자 속에 있었어요.
루이스는 믿을 수가 없었어요. 루이스는 어떤 기분이었을까요?
루이스는…… **행복했어요.**

머릿속이 멍해진 날

학교에서 크리스마스 콘서트가 열리는 날이었어요.

노래 공연에서 주인공을 맡은 빌은 모든 가사를 외워서 잘할 자신이 있었어요.

하지만 무대에 오르고 음악이 나오자, 너무 긴장해서 가사를 모두 잊어버렸어요.

노래를 시작해야 하는데, 가사가 생각나지 않는 거예요!

음악이 멈췄다가 다시 시작됐어요.

빌은 어찌해야 할지 몰라 멍하니 서 있었어요.

가사가 계속 생각나지 않았거든요.

결국, 다른 친구가 다가와서 빌이 노래하는 것을 도와줬어요.

공연이 끝난 뒤, 빌은 기분이 어땠을까요?

아주…… **우울했어요.**

생일파티 초대장

노라의 생일날, 엄마는 생일파티에 같은 반 친구들을 모두 초대해 주었어요.

노라의 생일파티는 정말 재미있었어요! 한 달 뒤, 노라는 반 아이들이 에바의 생일파티에 대해 이야기하는 것을 들었어요.

초대장을 받은 아이들은 재미있는 파티를 기대했지요.

에바는 생일파티에 같은 반 친구들을 다 초대한 것 같았어요.

노라만 빼고요. 노라의 기분이 어땠을까요?

노라는…… **샘났어요.**

두근두근 저녁 식사

학교 성적표가 나오는 날, 앨리스는 선생님한테 봉투를 받았어요.

"이 성적표를 부모님께 갖다 드리렴."

앨리스가 집에 오자마자 엄마에게 성적표를 드렸지만 엄마는 뜯어보지 않았어요.

식구들이 모두 모였을 때 보여 주려고 저녁까지 기다렸지요.

저녁 식사가 끝나자 아빠가 말했어요.

"이제 다 모였으니 앨리스 성적표를 한번 볼까?"

앨리스는 **긴장했어요.**

아빠는 성적표를 큰 소리로 읽기 시작했어요.

"읽기 잘함! 쓰기 잘함! 수학 잘함!"

앨리스는…… **자랑스러웠어요.**

 색칠하기

헷갈려요

행복해요

안심해요

메스꺼워요
울렁거려요
거북해요

슬퍼요

부끄러워요

여러분, 우리 이야기가 재미있었나요?
마지막으로 이야기를 떠올리며 카드를 맞춰 보세요!

심장이 빨리 뛰어요.

피부가 따끔거려요.

바지에 개미가
기어 다니는 것 같아요.

눈이 커져요.

활짝 웃으니까
얼굴이 환해져요.

기뻐서 날뛰어요!

똑바로 서요.

고개를 꼿꼿이 들어요.

가슴이 두근거려요.

무릎이 떨려요.

다리에 힘이 빠져요.

배가 아파요.

숨고 싶어요.

숨을 내쉬어요.

무릎이 떨리지 않아요.

차분해요.

코를 찡그려요.

윗입술을 삐죽거려요.

고개를 좌우로 흔들어요.

입 안에 침이 고이고, 토할 것 같아요.

아랫입술을 쑥 내밀어요.

온몸에 기운이 없어요.

눈에 눈물이 고여요.

주먹을 꽉 쥐어요.

어깨에 힘이 들어가요.

발길질하며 소리치고 싶어요.

뺨이 빨개졌어요.

너무 더워서 땀이 나요.

손이 떨려요.

고개를 들고
눈을 바라볼 수 없어요.

눈썹이 올라가고,
눈이 휘둥그레져요.

입이 쩍 벌어져요.

행복해요.

자랑스러워요.

무서워요.

안심해요.

슬퍼요.

메스꺼워요. 울렁거려요.
거북해요.

화나요.

부끄러워요.

신나요.

놀라요.

배고파요.

우울해요.

긴장해요.

샘나요.

헷갈려요.

수줍어요.